Renier-Fréduman Mundil

Ein KESSEL Bunte GeDichte

Bunte 1 - März und November

Renier-Fréduman Mundil

Ein KESSEL Bunte GeDichte

Bunte 1
März und November

Impressum

Bibliografische Information der Deutschen Nationalbibliothek:
Die Deutsche Nationalbibliothek verzeichnet diese Publikation in der Deutschen Nationalbibliografie; detaillierte bibliografische Daten sind im Internet über http://dnb.dnb.de abrufbar.

Covergestaltung Dan Winkler

Verlag: BoD · Books on Demand GmbH, In de Tarpen 42
22848 Norderstedt
Druck: Libri Plureos GmbH, Friedensallee 273,
22763 Hamburg
ISBN: 978-3-7693-1531-8

Gewidmet meiner Schwester Cornelia

„Du bist leider viel zu früh gegangen.
Du lebst für uns in deinen beiden
Töchtern weiter!“

EinLeitung oder
AnFang ohne Ende oder
AnLeitung ohne EinFang….(vom Ende?)

Zumindest ich kann mich wieder deutlich erinnern, als die Wäsche noch in einem großen Kessel, der zudem vorher mit Holz angeheizt werden musste, gewaschen wurde. Übrigens auch die damals üblichen Stoffwindeln. Es konnte in diesem Kessel-Durcheinander passieren, dass das Sonntagshemd neben der Stoffwindel brodelte, spätestens bei diesem Anblick wurde mir bewusst: die Natur ist nichts anderes als ein riesiger Kreislauf, der sich als echtes Perpetuum ständig dreht.

Solche großen Kessel wurden auch zu Gulaschkanonen; spätestens jetzt, wo Waschkessel von Waschmaschinen und Kochkessel von Hightech-Kochtöpfen abgelöst sind, wird deutlich, das Wort Kessel ist heutzutage ein gefährliches: Wir hören von Kesselschlachten, Einkesseln, Krieg eben, der zumindest das Wort K**essel** wieder modern gemacht hat.

Vermutlich wird in anderen Teilen dieser großen Perpetuumkugel Erde wieder in großen Kesseln – wegen des biologischen Kreislaufs möglicherweise

in denselben – abwechselnd Wäsche oder Essen gekocht.
Womit der Krieg unverändert zu den Worten führt, denn diese furchtbaren Ereignisse pflegen ohnehin, mit dem Krieg der Worte zu beginnen.
Jetzt heißt es, sich gut festhalten, wir legen uns in eine ziemlich scharfe Kurve, um vom Vorgenannten zu dieser Buchreihe zu gelangen.
Machen wir es abrupt: Sie soll helfen, das Wort **Kessel** fernab von **Kessel**schlacht und **Einkesselung** anders – hoffentlich positiver – zumindest jedoch nachdenklicher, zu besetzen.
1. Im Laufe der Jahre entstanden in meiner Schublade viele Gedichtmanuskripte. 2. Manche schlagen die Bibel oder andere Bücher zufällig auf und hoffen auf diese Weise auf eine Stelle zu treffen, die - ob der zufälligen Fügung - eine Inspiration für sie verbirgt.
1. + 2.=: So ist diese Reihe ursprünglich entstanden. Ich habe die vielen Manuskriptseiten zufällig aufgeschlagen und dann einfach hintereinandergeschrieben, was ich fand: Gedichte, unterbrochen von kurzen Aphorismen. Das führt dazu, dass ein Weihnachtsgedicht neben einem Sommergedicht auf- bzw. untertaucht, eben wie im Kreislauf der Natur üblich oder wie in einem großen Kessel – einem Kessel mit Eintopf, wenn es heißt: tüchtig

rühren, Kelle rein, sich überraschen (Pardon, inspirieren) lassen, was auf den Teller kommt.

Ursprünglich war für jeden Monat ein Buch geplant. Auf halber Strecke ging mir damals die Puste aus bzw. sahen mich damals andere unerledigte Dinge derart vorwurfsvoll an, dass ich mich neudeutsch zu einem Break entschlossen hatte und zwangsweise (aber nach dem Zufallsprinzip) zwei Monate miteinander verheiratete. Ich glaube, nicht nur den Monaten täte es gut, einmal zu wechseln und nicht jahrhundertelang immer am selben Nachbarn zu kleben. Gewissermaßen ein Umzug nicht des Ortes, sondern der Zeit.

Die Puste ist inzwischen nicht mehr, aber auch nicht weniger geworden. Die Blicke der anderen unerledigten Dinge sind noch immer nicht im Nirvana verschwunden. Da der Schreibtisch jedoch angenehm dicht an der Heizung steht - der wichtigste Platz in den nächsten Monaten, denn inzwischen ist es draußen ungemütlich nass und kühl geworden - kam es mir in den Sinn, diesen Platz für die nächste Zeit unauffällig zu besetzen, indem jedes Zwangspaar seinen versprochenen zweiten Teil bekommt. Denn versprochen ist versprochen. Wahrscheinlich ist dieser Fortsetzung dasselbe widerfahren wie den vielen Fortsetzungsfilmen. Aus unerklärlichen Gründen erreichen sie nicht mehr das Niveau von der ersten Version. Wie auch, denn dieses abgehobene Niveau ist ja bereits vom ersten Film, der ersten Ausgabe, eben dem Ersten besetzt. Und das Erste hat die unangenehme Angewohnheit, seine Position nicht aufzugeben, sonst wäre es auch kein Erstes mehr.

Außerdem hat mir in der Zwischenzeit keine Nase signalisiert, dass sie wegen der vorangegangenen Bände bereits gestrichen voll ist (wie auch, die meisten Nasen sind jetzt zum anschaulichen Überlaufen mit grau angezogenen Herbsterkältungsviren gefüllt).

Ebenso hat mir kein zwangsverheiratetes Monatspaar signalisiert, dass es die Auflösung der neuen Beziehung wünscht. Damit habe ich anders als manche Dating-Plattform eine hundertprozentige vermittelnde Erfolgsquote. Besser gesagt, das Auslosen hat diese hundertprozentige Erfolgsquote, denn darüber kam es zu der „Zwangsverheiratung" von jeweils zwei Monaten. Logische Konsequenz kann nur sein, dass zukünftig jede Heirat auf dieser Welt nicht mehr von der Tradition oder gar von der Liebe, auch nicht per Dekret durch Eltern oder andere sich erwachsen Wähnende, sondern schlicht und einfach durch Losverfahren bestimmt wird. Alle dafür in Frage kommenden Milliarden Namen kommen in die größte Lostrommel. Die Armeen werden abgeschafft und die bisherigen Soldaten dazu umgeschult, die riesige Lostrommel zu bauen, sie unentwegt zu drehen, sekündlich tausende von Namenspaaren herauszuziehen, in alle Welt auszuschwärmen, um den jeweils beiden zugelosten Namen die erfreuliche Nachricht zu verkünden und als Startkapital jedem neuvermählten Paar ein kleines Häuschen zu bauen.

Jetzt wird's zu bunt. Nicht mit den Gedichten. Kein **Ged**icht kann zu bunt werden. Es wird zu bunt mit den **Ged**anken, die sich immerhin die ersten drei Plätze (1.**G**, 2.**e**, 3.**d**) mit dem Gedicht teilen.

Deshalb schnell ein letztes (versprochen!) Nachwort. Gdicht = GDichT = GeDichTe = Ge(h)DichTe(e) = GehDichTee usw., also Gedichte, die sich ans Dich oder ans Ich (D**ich**?) wenden und sowohl beim Gehen als auch im Sitzen zum Tee gelesen werden können.

Und ein netter Unfall (pardon, gedichteter Zufall) wäre es, wenn zwei Personen (das Dich und Ich?) diese Gedichte beim Gehen lesen und deshalb versehentlich zusammenstoßen. Oder fortan den Tee immer gemeinsam trinken. Dann hätten diese Gedichte wenigstens etwas erreicht, zwei sich unbekannte Menschen (wenn auch beim

beschriebenen ersten Weg auf ungewöhnliche Weise) zusammenzubringen, durch die Geh-GedichteTee. Pardon, dieser Gedanke ist wegen des inzwischen festgelegten Losverfahren für das Zusammenbringen von zwei Personen nicht mehr aktuell. Allerdings hat die bisherige Einleitung vehement und offensichtlich erfolgreich dagegen protestiert, diesen unnötig gewordenen Gedanken einfach zu streichen.
Keine Angst, Jogging-GDichte, Renn-Gedichte, Auto-Gedichte sind nicht geplant, sprachlich wohl unmöglich – aber ist dem Gedicht überhaupt etwas unmöglich? Besser wir lassen das, wegen des versprochenen Endes vom Nach, Pardon, vom Nachvorwort.
LDichte Grüße.

PS: Ich bin mir mit dem Versprechen eines abschließenden Nachworts selbst auf den Leim gegangen. Ich bin (aus rechtlichen Gründen?) unverändert noch eine kurze Erklärung zur Zwangsverheiratung der Monate schuldig, falls zufälligerweise ein Polizist, Jurist, der Gesetzgeber oder vergleichbare Personen diese Bücher lesen und über das Wort Zwangsverheiratung stolpern. Offensichtlich hat sich die diesbezügliche Gesetzeslage (noch?) nicht geändert.

Es wurde wie bereits hingewiesen, die beste, angenehmste bzw. spannendste Zwangsverheiratung (der Monate) vorgenommen, die sich vorstellen lässt. Zugegeben, die Monate wurden vorher nicht gefragt, sie wurden aber auch nicht per Anweisung zur Heirat gezwungen. Nein, alle zwölf Monate kamen in eine kleine Trommel und wurden paarweise gezogen. Gegen ein Losverfahren ist nichts einzuwenden, wie wir gesehen haben auch nicht bei der Verheiratung, sonst müsste das halbe Land verhaftet werden (Auslosung im Fußball, Glücksspiele usw.).
Aber jetzt ist wirklich Schluss und endlich:
Auf ein gutes l(L)os!

Unveränderte Monatsauslosung:

März und November	Bunte 1
September und Oktober	Bunte 2
Januar und August	Bunte 3
April und Juli	Bunte 4
Juni und Dezember	Bunte 5
Februar und Mai	Bunte 6

1.

Aufge(t)räumt

Die Kluft
Zwischen Himmelsluft
Und Erde
Bevölkert eine Herde
Träume,
Die an Lebensbäumen
Hingen
Und verschwinden,
Bevor gierige Augen
Sie rauben.

Kann einem Nackten
Der Kragen
Platzen?

2.

Durch den fehlenden Blick

Die Fensterscheibe starrt mich an.
Irgendwann,
Wenn ich längst gegangen bin,
Wird sie weiter im
Schwarzen Dreck
Stecken.
Dann wird es in den Häusern finster.
Während sich draußen der gelbe Ginster
Mit der Sonne vereint,
Weint
Manches Leben im stillen Haus.
Doch aus
Fehlender Einsicht wird es niemand sehen.
Leben wird still vergehen,
Plötzlich werden wir erwachen,
Umgeben von menschgewordenen Drachen.

Die Zeit ist leider
Ein unerbittlicher Treiber.
Was als Rettung bleibt:
Vertreib
Die Zeit!

3.

Ei-Späne

Der Mensch so bei sich denkt,
Dass er sich selbst beschenkt.
Ich schenk mir 1000 Hühner,
So habe ich für immer
Zu Ostern auch mein Ei.
Genug für Rühreibrei.
Hab‘ selbst paar faule Eier,
Wenn‘s auf der Nachbarfeier
Wieder so laut zugeht.
So ausgestattet lebt
Der Mensch in seiner Freiheit,
Die er mit Hühnereileid
In Käfigen erkauft hat.
Doch wenn der Mensch Hof und Staat
Zum eignen Wohle hält,
Beim Hobeln Späne fällt.
Was kümmern ihn die Späne,
Dass jemand sich beschwere.
Das ist nicht sein Niveau,
Als King vom Hühnerzoo.

Leben
Bedeutet Fließen.
Genießen
Bedeutet Stehen.

4.

Essfleiss(ch)

Der Mensch, der liebt das Essen,
Das hat er nie vergessen.
Er liebt das Hühnerfleisch,
Den Butterkuchenteig.
Er liebt das Fischfilet.
Er liebt den Sahneschnee.
Auch liebt er den Eintopf,
Den süßen Hefezopf.
Weil er das Essen preist,
Ist der Mensch weit gereist,
Neues herauszufinden.
Es muss doch alles munden,
Was kreucht und fleucht und fliegt.
Doch ist sein Appetit
Für geistiges Gebräu
Dem Menschen ziemlich neu.
So fastet jeden Tag
Der Geist, denn der Mensch hat
Am Geist sattes Gefühl,
Da er nur (fr)essen will.
Am Geist kein Hunger mehr,
Das fällt ihm auch nicht schwer.

Er kann nur nicht vertragen
Das Knurr'n in seinem Magen.

*Viele wollen nicht **ein**fach nur glücklich sein.*
Sie wollen zum Schein
Mal eben
Tausendfaches Glück erleben.

5.

Gewohnheitssp(r)echt

Hat ein Specht
Ein Recht,
Mit seinem
Schnabel in meinen
Festen Gewohnheiten
Ein Loch hinein zu hacken?
Warum packen
Wir wegen dieser Rechte
Nicht alle (Schluck-) Spechte
Hinter Gitterstäbe,
Damit jede
Gewohnheit
Für alle Zeit
Erhalten bleibt?

Ewig dasselbe Lied:
Jeder Krieg
Ist der Sieg
Der geballten Hand
Über den Verstand.

6.

Allerlei Liebe

Der Mensch liebt Linsensuppe,
Manchmal die Gummipuppe.
Manche lieben die Schmerzen,
Das Brechen fremder Herzen.
Mancher liebt das Verliebtsein.
Mancher den äußeren Schein.
Man liebt das Kommandieren
Und auch das Apportieren.
Man liebt den Gaumenschmaus
Und auch das Freudenhaus.
Mancher liebt nur die Macht.
Mancher liebt nur noch nachts.
Mancher liebt Sahnekuchen,
Von fremden Konten buchen.
Mancher liebt seinen Hund.
Mancher liebt's weich und rund.
Zum (Un-)Glück hat die Liebe
Für alles eine Wiege.
Sonst säh' das Weltenhaus
Lieblos noch blasser aus.

Gedanken
Müssen ranken.
In welche Richtung ist nicht
Wichtig.(?)

7.

Rätselhafter Kuss

Wenn der Herbst der Frühling wär‘
Und das Meer
Der Strand,
Wär‘ die Hand
Der Fuß,
Doch was wäre dann der Kuss?
Gewiss
Kein Biss.

Wer andern die Sterne
Vom Himmel verspricht,
Ist meist erpicht,
Dass es bald Nacht wird.

8.

Dunkle Dunkelheit

Verschieden ist die Welt,
Genachtet alles Licht.
Alles Leben zerfällt,
Alle Hoffnung zerbricht.

Vergangen ist der Tag,
Gemond die dunkle Nacht.
Und jedes Lebensblatt
Zum Welken nun gebracht.

Verloren ist die Zeit,
Geflößt der Lebenslauf.
Ein jedes Lebenskleid
Ein letztes kaltes Haus.

Gestrandet ist das Meer,
Gewölkt das Himmelsdach.
Voll Trauer grau und schwer,
Trostlos und ohne Kraft.

Am End' besiegt der Fleiß
Den allerhöchsten Preis.

9.

Konsumende

Der Mensch wird Konsument.
Rabatt wird ihm geschenkt,
Damit er noch mehr kauft.
Er hat bereits zuhauf
Von allem und zu viel.
Doch die Rendite will
Noch mehr und noch mal mehr,
Die Börse ist schon leer.
Nimmt der Mensch den Kredit.
Bald er nicht übersieht,
Wie hoch die Schulden sind.
Darauf der Mensch beginnt
Mit Insolvenz, bankrott.
Bald ist er wieder flott
Und fängt von vorne an,
Kauft, was er kaufen kann,
Bis er am Ende sieht:
Das Leben von ihm flieht
Und von dem ganzen Tand
Kommt doch nichts in den Sand,
Der seinen Sarg umgibt.

Der Mensch vom Kauf besiegt,
Verlässt nackt diese Welt
Ins Dasein ohne Geld.

Viele verrenken
Sich beim Schenken.

10.

Reisende Speisen

In Hamburg gibt's Döner.
In jeder
Berliner
Würstchenbude gibt's
Wiener
Würstchen.
Ein bisschen
Frankfurter Kranz
Gibt's in München,
Doch wünschen
Wir ihn uns ganz,
Müssen wir nach Mainz;
Wenn man hier
Vom kölschen Bier
Kein's
Mehr bekommt,
Lohnt
Es sich wieder fort
Nach Hamburg
Zu ziehen,
Auch wenn dort Pizzas überwiegen.

Die sollte man mit Pfälzer Wein
Und nicht mit ein'm
Großen Bier
Durch die Gaumentür
Spül'n.

Fühlt man sich als Leichtgewicht
Gesund,
Braucht man einen Schwerpunkt
Nicht.

11.

Zu verwehrende Annahme

Nehmen wir einmal an,
Ich nehme an,
Dass Sie annehmen,
Wir sind beide in der Annahme
Etwas anzunehmen,
Was anzunehmen
Der Annahme des Anderen widerspricht.
Dann sollten wir das Gegenteil annehmen,
Weil dann die Annahme,
Dass wir dasselbe annehmen,
Eine richtige Annahme sein könnte.
Oder aus Ihrer Sicht
Etwa nicht?

Nicht jeder Punkt
Ist rund.
Na und!

12.

Rasender Kommentar

Wenn ich Auto fahre,
Spare
Ich nicht an Kommentare.
Wer kann gegen eine klare
Wahre
Fahrende
Meinungsware
Sein?
Denkt dabei mein Tempobein.

Alles was steht,
Bewegt
Sich leider
Passiv weiter.

13.

Steiniges Schicksal

Früher warst du ein
Mosaikstein
In einem goldenen Berg.
Kalte Werk-
Zeuge(n) haben dich geraubt,
Aus dir ein hohes Haus gebaut,
Das von Autos umfahren wird.
Manchmal führt
Dich deine Erinnerung zum Berg zurück,
Der Blick
Auf grünbenetzte Wiesen.
Geblieben
Ist dir Dreck und Staub.
Glaub
Nicht mehr
An deine Rückkehr.
Für lange Zeiten
Wirst du die Leiden
Von schlafenden
Menschen tragen.

Wir reisen
Auf denselben Gleisen,
Die nach Auschwitz führten.

14.

Aufgewachte Bitamine

Wer konnte es mir verdenken,
Wenn mir Antragsteller etwas schenken,
Damit meine Stimmung positiver wird.
Manchmal führt
Eine kleine Gabe,
Das bisschen Gehabe,
Schneller zum Ziel,
Anstatt still
Und bieder hervorzutreten,
Um seinen Antrag höflich herunterzubeten,
Dabei trotzdem auf Gunst zu hoffen.
Manchmal hat es sich eben gut getroffen,
Dass man dieselben Leute kennt.
Weiß, wie man sich mit Spitznamen nennt,
Dabei die eine oder andere vertraute Sache
Und zur rechten Zeit eine angebrachte Lache
Parat hält;
Denn die Welt
Liebt das Schauspiel
Und will
Unterhalten werden.
Will keine Beschwerden,

Will, dass alles satt
Und glatt
Über die Bühne geht.
Wenn spät
Doch noch Bedenken kommen,
Hatte man das alles nicht ersonnen.
Es ist erstaunlich, viele haben
Mit Angst gefüllte und trotzdem wichtige
Nasen,
Die kreuz und quer durch die Welt laufen
Und meinen, man könne sich alles erkaufen.

Wir schenken,
Um andere zu lenken.

15.

Verge(l)bLichtes Warten

Ich stehe am Zebrastreifen.
Hundert Augenpaare
Umschleichen mich,
Ob ich
Bei Rot gehe.
Ich sehe
Jedes Augenpaar an.
Dann
Strecke ich die Ampel nieder
Und steige über
Den umgeknickten Mast
Auf den anderen Straßenplatz.
Die hundert Augenpaare
Stehen noch Jahre
Auf derselben Stelle
Und warten auf die grüne Welle.

Der Frühling
Spinnt
Und beginnt
Neues Leben
Zu weben.

16.

Endlose kreisende Nacht

Leise glüht der Abend auf,
Der Lauf
Des Tages versiegt in stiller Erde.
Die Herde
Der Sterne erscheint am Himmelszelt,
Der Welt
Die Nachtbilder zu malen.
Scharen
Von Gedanken
Sanden
In Vergessenheit.
Die Zeit
Zieht sich in stille Uhren zurück.
Ihr Blick
Bleibt in der Dunkelheit versunken.
Lang werden die Stunden.
Ohne einen Hauch von Freude
Werden sie zur leeren Bleibe,
In der unzählige Schlafende irren.
Wie Nachtfalter schwirren
Sie durch selbstgewebte Träume,
Durch goldene Räume

Eines Luftschlosses und werden doch nur
Wieder in der alten Spur
Des nächsten trostlosen Morgens enden.

Hahn im Korb:
Ein Argument für die guten
Alten Plastiktüten.

17.

Morgen – das verdrehe Heute

Irgendwann
Fang ich an,
Dachte das Mondschaf bei sich.
Ich
Werde es heut noch ruhig angehen lassen.
Ab morgen ist mit mir dann nicht mehr zu spaßen.
Doch wissen selbst dumme Leute,
Dass jedes Morgen ein neues Heute
Ist.
Darum vergiss,
Was du dir ab morgen vornimmst,
Denn ab morgen beginnt
Für solche Leute
Das alte Heute.

Was du heute kannst besorgen,
Das verschiebe besser auf morgen,
Denn es könnte sonst geschehen,
Dass du morgen arbeitslos dastehen
Wirst.

18.

Künstliche Kunst

oder die Gunst, dass alles Kunst sei

Alles ist Kunst,
Womit man die Gunst
Der Menschen gewinnen kann.
Eine alte Pfann'
Wird zum Vorfahren des Tennisschlägers.
Jeder
Fettfleck in der Ecke
Hätte
Philosophische Ausdruckskraft.
Verschimmelter Saft
Ist eben Kunstpilzkultur,
In der es eine Spur
Vergänglichkeit gibt.
Und jeder Ze(i)ckenkrieg
Ist die Vollendung eines Dramas.
So, jetzt haben das
Alle verstanden, dass unsere Vorfahren
Im Grunde genommen Kulturbanausen waren.

Die Zeit ist leider
Ein unerbittlicher Treiber.
Was als Rettung bleibt:
Der Zeitvertreib.
Vertreib
Die Zeit!
Nur wo ist der Verbleib
Der vertriebenen Zeit?

19.

Goldenes Blut

Der Mensch so bei sich denkt,
Dass er am Golde hängt,
Drum hängt das Gold an ihm,
Wie es sich auch geziemt.
Es hängt als Amulett.
Es hängt als gold'ne Kett'.
Es steckt an ihm als Ring,
Im Zahn, was Füllung bringt.
Es hängt an seinem Hirn
Und lässt ihn fälschlich spür'n,
Dass er was Bess'res ist.
Solang das Blut noch fließt,
Das teurer ist als Gold,
Das Leben weiter rollt.
Und wem dann irgendwann
Das Gold zu teuer kam,
Der zahlt mit seinem Blut.
Das Gold: Die rote Flut.

Man sollte im Leben
Den Schwerpunkt auf die Schwachpunkte legen.

20.

Künstliches Allein-Sein

Sonnenseide liegt auf dem Asphalt.
Im Wald
Liegen abgestellte Gedanken.
Hinter rotgeweißten Schranken
Rauschen die Menschenanzüge.
Das Gewiege
Des Verkehrs überschaukelt die
Meeresdeiche.
Überall aufgesetzte Geräusche
Der Kellner, damit die Münder schweigen.
Ein Viereckreigen
Von Häuserkästen bepflanzt die Städte.
Das Schaugedrehte
Wird in geflachten Schirmen dargeboten.
Mit Flintenschroten
Sorgen wir für Wachstumsraten
Beim Arten-
Sterben.
Beim Zererben
Wird uns klar,
Dass um uns nie eine Familie war.

Kann es im Leben
Am Eckpunkt
Rund
(Zu)Gehen?

21.

Imaginations-Schwärmerei

Irgendwann
Genau dann,
Eben zu dieser Zeit,
Nicht weit
Entfernt,
Schwärmt
Das Mondschaf
Im Schlaf
Durch die Welt.
Hält
Bei den Träumern
Und Nachtschwärmern
Hof
Für einen Schwof
Über den Tag,
Der als Salat
Und verknäulter Zwirn
Durchs Gehirn
Rinnt.
Sinnt
Über das Dasein,
Das nur zum Schein
Existiert

Und kaschiert,
Dass alles nur erdacht
Imaginiert gemacht
Ist.

Kinder
Sind die Münder,
Die uns die Wahrheit sagen
Ohne vorher zu fragen.

22.

Alte Herbstfahrt

Leise fährt
Der Herbst
Durchs bunte Land.
In seiner Hand
Der Lebenswagen,
Den er in vielen Jahren
Sicher gezogen hat
Und jetzt Blatt für Blatt
Mit dem späten bunten Lebensglück
Des Alters schmückt.

Am End' besiegt das Wir,
Das allerhöchste Tier.

23.

Schwarztraumarbeit

Wenn Mondschafe
Schlafen,
Arbeiten Träume
Schwarz in gesetzlosen Räumen.
Beim Aufgehen der Morgensonnen
Kann Schwarzträumen teuer zu stehen kommen.

Sollte man am Tiefpunkt im Leben
Seinen Standpunkt aufgeben?

24.

Himmelsgaben

Herr,
Du hast das Meer
Erschaffen,
Damit die Straßen
Nicht unendlich werden.
Du hast den Himmel gewogen,
Damit keine Gedanken verloren
Geh'n.
Herr, Du hast den Seen
Die Stille geliehen,
Damit sich die Hände dort schlafwiegen
Lassen.
Herr, Du hast den blassen
Strand mit Bernstein bestückt,
Damit
Die Blicke nicht nur in den Himmel steigen.
Herr, Du hast die Weiden
Mit Trauer bekleidet,
Wenn der Tod die Erde abweidet,
Dass von ihnen Tränenschatten
Fallen
Werden.

Am End' besiegt der Tod
Selbst das größte Yachtboot.

25.

Jederdas

Jede Träne
Ist eine Lehne,
Die gebrochen ist.
Jedes Lachen
Ist ein Luftdrachen,
Von der Schwerkraft befreit.
Jeder Glauben
Ist wie Trauben,
Nach denen man sich strecken muss.
Jeder Schmerz
Ist eine mollgewandte Terz,
Die sich manchmal nicht mehr auflöst.
Jedes Hoffen
Ist ein Herzpochen
Aus der Ewigkeit.
Jedes Mitleid
Ist ein Kleid,
Das nur der Betrachter mag.
Jedes Fühlen
Ist ein Sieg über den Willen,
Den das Herz errungen hat.

Die Wahrheit zu sagen,
Lässt manche verzagen.
Lügen vorzutragen,
Schlägt dafür auf den Magen.
Welches ist der größ're Schaden?
Doch danach sollte man nicht fragen.

26.

Alles strö(o)mt

Der Mensch denkt so bei sich,
Er sei ein helles Licht.
Die Sonne züchtet er
Für Strom, nöcher und mehr.
Er zähmt den wilden Wind,
Damit auch er Strom bringt.
Er staut so manchen Fluss
Für Strom und mehr Genuss.
Bohrt Löcher in die Erd,‘
Er braucht halt Strom, vermehrt.
Verwandelt selbst sein’n Schritt
In ein Batteriebit.
Endlich ist alles hell,
Hast‘s gut getan, done well.
Doch um die stille Nacht
Hat dich der Strom gebracht.

Mit welcher (Un-)Zeit
Macht sich die Wahrheit breit?

27.

Gefüllte Luft

Das Mondschaf
Sprach:
Wenn ich spreche,
Breche
Ich die Luft,
Um die Kluft
Zwischen meinen Gedanken
Und meinem Wanken
Zu erklären.
Verwehren
Sollte man dies allen,
Die Gefallen
Daran finden,
In Luftwinden
Leere Worthülsen
Zu füllen,
Anstatt erst nachzusinnen,
Bevor sie beginnen,
Die Hörluft mit ihren Schwaden
Zu überladen.

Sollte man am Tiefpunkt im Leben
Seinen Standpunkt aufgeben
Und in die Luft gehen?

28.

Aufgeblühtes Meer

Jede Knospe häutet sich,
Das Sonnenlicht
Einzufangen.
Rote Blütenwangen
Schmücken die Bäume.
An der Himmelsleine
Leuchten die Frühlingssterne
Aus ewiger Ferne.
Der Wind treibt das Meer
Vor sich her.
Er spült gefüllten Pfand
An den Strand,
Dazwischen Muschelschalen,
Kleine Quallen,
Lochgespülte Steine,
Alte Schiffsseile.
Alles quillt
Ineinander zum goldenen Bild,
Das der neue Frühling
Bringt.

Mit der Zeit
Kommt jede Wahrheit.
Manchmal spät,
Oft auf einem Umweg.

29.

Standpunkt – Punkt(e)stand

Ein Standpunkt verstand die Welt nicht mehr.
Obwohl er
Sich
Nicht
Bewegte,
Drehte
Sich die Lebensleiter
Unentwegt weiter
Und seinen bisherigen Standort
Ins unbekannte Unverstante fort.

Der Staat
Hat
Grenzenlose Fantasie,
Wie
Man abstaubt
Und den Bürger auslaugt.

30.

Fantasiesegel

Ein Segelboot
Segelt zur Not
Auch ohne Wind,
Wenn ein Kind
Nur kräftig genug hustet
Oder pustet.
Denn die
Fantasie
Blieb
Noch immer unbesiegt.

Jeder
Ist Schatzgräber
Im eigenen Leben –
Nur manchmal vergebens.

31.

Valentinsloch

Das Mondschaf wollte auf den höchsten Berg zieh'n,
Weil der Valentin-
Tag vor der Tür stand.
Am Rand
Vom höchsten Berggipfel
Sollte auf dem Zipfel
Eines Rosabaumes
Ein traumhaftes
Blumengebilde blüh'n.
Das wollte es zu Valentin
Seiner Angebeteten schenken.
Allerdings musste es sich zu sehr verrenken,
Um den Gipfel zu erreichen.
Es beschloss, auszuweichen.
Vielleicht sei
Derlei
Auch in einem Mondkraterloch zu finden.
Binnen
Sekunden
War es unten.
Doch

Das Erdloch
Besaß keine Blumenblüte.
Ach du meine Güte!
Dachte es sich.
Wenn ich nicht
Zu Valentin
Im
Smoking vor ihr stehe
Und sie mit einer Blume verehre,
Ist es mit der Liebe aus.
Es war egal, denn raus
Aus der Grube kam es nicht mehr.
Zu schwer
War der Aufstieg.
Sein Klagelied
Hat die Angebetete nicht mehr vernommen.
Sie hatte den höchsten Berggipfel erklommen,
Denn sie dachte
Sich, es machte
Ihrem Liebsten nichts aus,
Ihr dort einen Strauß
-Man kann es sich denken-
Gipfelblumen zu schenken.

In der Pubertät
Gerät
Alles ins Wanken,
Was auf den Planken
Des Lebens
Festklebt.

Inhaltsverzeichnis

Biografie

Ich wurde in Berlin geboren. Nach dem Abitur in Berlin habe ich Medizin in Berlin und München studiert und war nach meinem Studium ca. 40 Jahre in der Medizin tätig. Seit Ende 2023 bin ich berentet. Während meiner Berufstätigkeit habe ich nebenher eine Reihe von Manuskripten verfasst, ein Jugendbuch, Kinderbücher, Romane und Gedichte.
Einige sind seitdem über einen Self-publishing-Verlag veröffentlicht worden.

Neben Romanen hat der Autor noch weitere Bücher veröffentlicht:

Tortellintauben - TierGdichte für Rwachsene

61 Tiergedichte als Spiegelbild menschlichen Verhaltens, wunderschön von Kinderhand illustriert.

Der erdenkliche Mensch - Das Du im Ich

55 Gedichte, dazwischen Aphorismen, die sich nachdenklich und kritisch mit liebgewonnenen menschlichen Verhalten auseinandersetzen.

Das Mondschaf

(monatlich durch das Jahr)

Für jeden Tag eines Monats ein Gedicht aus Sicht eines auf dem Mond lebenden Schafs, das humorvoll, kritisch, skeptisch und wiedererkennend unsere Erde beäugt; zwischen jedem Gedicht ein Aphorismus und mit passenden lustigen Bildern aus Kinderhand - auch als Geburtstagsgeschenk für den passenden Geburtstags-monat geeignet.

In 93 Tagen um den Frühling

93 Gedichte, dazwischen Aphorismen, zu jedem Tag der schönsten Jahreszeit ein Gedicht.

101 Weihnachtsgedichtsbäume - gegen das Poesie-Waldsterben

Über 100 besinnliche, lustige, stimmungsvolle aber auch nachdenkliche Gedichte über die Weihnachtszeit.

Die Christyllische Weihnacht - Weihnachten wie immer (und) anders

27 Kurzgeschichten mit je einem Bild, zu jedem Tag vom 1.-26. sowie 31. Dezember; sehr abwechslungsreiche Geschichten von Weihnachten im Kaufhaus, bei den Schildbürgern, in einem neuen Märchen, als Science-Fiction und Weihnachtsgeschichten zur Zeit der Geburt Jesu. So abwechslungsreich, dass für jeden und jedes Alter etwas dabei ist (auch in Englisch erhältlich.

In 90 Tagen um den Herbst

90 herbstliche Gedichte mit unterschiedlicher Stimmung, ein Gedicht für jeden Herbsttag.

Manu's Reise mit dem Tod - eine Fuge durch die Zeit

Roman, 256 Seiten, verschiedene Lebenslinien aus dem Leben einer Frau, fugenartig verwoben, Ereignisse des Todes in ihrem Leben und ein weiterer Handlungsstrang über verschiedene Rituale zur Zeit des Todes in verschiedenen Kulturen (auch in Englisch erhältlich „Manu´s Journey with Death“).

Ostern- Gedichte zur Osterzeit

43 Gedichte mit christlichen Inhalten von Gründonnerstag bis zur Auferstehung Jesu, zwischen den Gedichten gedankenvolle Aphorismen.

Die Insel der Figuren

Ein kleines Mädchen in Japan bekommt zum Geburtstag von ihrem Vater eine Puppe geschenkt. Als das Mädchen älter ist, wird die Puppe in einem kleinen Boot auf die Wellen des Meeres gesetzt. Offensichtlich eine Tradition ins Erwachsenenalter.
Einige Zeit später reist ein anderes Mädchen ihrer verschwundenen Puppe hinterher, eine spannende abenteuerliche Reise mit einem ungewöhnlichen überraschenden Ende beginnt. (Fantasieroman)

Der kleine Mugu auf dem Noddelthron

Ein Jungen lebt in dem Land eines Königs. Eines Tages kommt ein Prahlhans in dieses Land. Er besitzt die Fähigkeit, die Gedanken anderer Menschen mit seinen wilden Haaren einzufangen. Der König wollte diese Fähigkeit erlernen und folgte dem Prahlhans. Ausgerechnet der kleine Junge Mugu gewann die Nachfolge des Königs und regierte das Land, in dem er viele Dinge auf den Kopf stellte. (Märchenroman)

Goethe - neu abgefüllt

Nach der Versform zweier der bekanntesten Goethegedichte (Wandrers Nachtlied) zu unterschiedlichsten Themen für jede Woche des Jahres ein Gedicht.

2 Bände: Goethig I und Goethig II

Hinter dunklen Himmelswolken - Gedichte in Zeiten der Trauer

Dieses Buch enthält ca. siebzig Gedichte über Tod und Sterben, in der Natur und im Leben des Menschen. Sie stellen Fragen zum Warum, äußern Gedanken, wie es weitergehen könnte, versuchen, Stimmungen und Gedanken in solchen Lebensabschnitten wiederzugeben.

GeGlichenes

Die folgende Sammlung in 4 Bänden enthält etwas über 60 Kurzgeschichten, jede Kurzgeschichte baut auf einer aus dem Neuen Testament stammenden Bibelstelle gleichnishaft auf und ist auf unsere Zeit übertragen. Zwischen den Geschichten findet sich jeweils ein Aphorismus oder ein Gedicht.